KB259949

도리도리 짝짝궁

활안 원저 · 위타 편저

佛教精神文化院

　나는 2009년 한국에 왔다가 활안스님께서 선문염송(禪門拈頌) 강의하시는 것을 듣고 불교에 새롭게 입문하였다. 물론 가정적으로 보면 불교신앙은 모태신앙에서 비롯되지만 확실히 불법에 대한 이해를 돕고 나서 믿기는 이번이 처음이다.

　강의가 끝날 무렵 철운 조종현 대종사께서 전해주신 「무공주(無孔笛)」를 저에게 주시며 「세상 끝날 때까지 실컷 불으라」하여 또 한 번 놀랐다.

　그런데 2011년에 왔다 가는 예수님의 법복을 입혀주시며 「도리도리 짝짝궁」하는 글을 주셨는데, 미국에 가서 보니 나만 알고 지내기는 너무도 아까운 천지자연의 이치요 인간의 도리였으므로 이것을 다시 청하여 작은 책으로 만들게 되었다.

　이 글은 단군 임금님의 「단동십훈(檀童十訓)」이 기본인데 환단고기(桓檀古記)·삼국유사·삼국사기·삼일신고·천부경·팔리훈·계몽요전(啓蒙要典) 등 고대 한국인 교육의 원류(源流)가 되는 책들을 총망라하여 그 강령만을 뽑아낸 글이다. 그러므로 이 글은 한국의 철학이요, 종교요, 신앙이라 할 수 있다.

나는 일찍이 경북 선비촌(영주)에서 태어나 유교를 배우고, 서울에 올라와 유학하고 다시 미국에 가서 한 평생을 살았지만 이런 글을 읽어보기는 처음이다.

다시 거기서 화투와 윷·고사(告祀)의 원리를 강술하여 한국인이면 꼭 알아야 할 진리를 가르쳐 주셨으니 만시지탄이 있으나 천만다행으로 생각하여 편집하고 출간하게 되었으니 이보다 더 기쁜 일이 있을 수 없다.

아무쪼록 이 인연으로 한국의 정신사가 새롭게 개척 되고 정리되었으면 하는 마음 간절하다.

단기 4345년 2월 15일
삼각산 문수원에서 편자 위타 씀

머 리 말

세 살 버릇 여든 간다고
우리는 90 장수를 하면서도
그 버릇을 잊어버리고 있으므로
이 세상을 온통 노망사회라 부르는 자도 있다.

언젠가 내가
종로 거리를 지나가면서
"도리도리 짝짝궁" 하였더니
사람들이 박장대소를 하면서
그 뜻을 묻기로
내 여기 그 내력을 간단히 적어
단동십훈(檀童十訓)[1]을 재천명 하노라.

뿌라뿌라(弗亞弗亞)

---

1) 단군임금님께서 어린이들 교육을 위해 열 가지로
   훈육한 것을 말함.

스상스상(侍想侍想)
도리도리(道理道理)
곤지곤지(坤地坤地)
지암지암(地闇地闇)
서마서마(西摩西摩)
업비업비(業非業非)
아함아함(亞舍亞舍)
짝짝궁짝짝궁(作作躬作作躬)
지아나비활활의(支阿娜備活活議)
껵궁(覺躬)

　「뿌라뿌라」는 원래는 "빛난다 빛난다"의 뜻인데 잘못하면 불나니 "잘 모시고 섬겨야 한다"는 말이 「스상스상」이다.

　「도리도리」는 반드시 "이 도리는 알아야 한다"는 뜻이고, 사람은 땅 파먹고 살고 있으므로 "땅 잘 파라"는 소리가 「곤지곤지」이다. 땅을 파서 수확을 하면 낼 때 내고 드릴 때 드려서 창고를 잘 지켜가게 되므로 "쥐었다 폈다 쥐었다 폈다"한다는 뜻이 「지암지암」이다.

　이렇게 천지의 이치를 알고 땅의 이치를 알면 누구나 독립해서 살만하므로 "선다선다"의 뜻으로 「서마서마」 다.

　그러나 이렇게 독립해서도 아만(我慢)에 빠져 남을 업신여기고 자기만 잘났다 하면 상대를 만나 살림할 수 없으므로 "나쁜 업을 짓지 말라"는 뜻이 「업비업비」 이고, "입조심 하라"는 말이 「아함아함」 이며, 음양오행이 짝을 맞추어 잘 살면 제아버지 제어머니를 잘 살릴 수 있다는 말이 「짝짝궁 짝짝궁, 제아나비활활의」 다.

　자, 이 소리 잘 알아들었느냐? "알았어?" 하고 묻는 말이 「꺽궁」 이다.

　이 글은 소리나는대로 한문을 옆에 썼으나 한문에서 뜻이 나온 것이 아니고 본래 우리나라의 이두문자이니 소리 또한 순수한 우리말이다. 알아들었느냐. 「꺽궁」 !

단기 4344년 12월 22일 동지
활안 한정섭 씀

일러두기

1. 이 책은 활안큰스님께서 위타선생께 특별히
   강의한 내용이다.

2. 「노래 짝짝궁」은 단동십훈(檀童十訓)을 연
   예인 성인규가 편곡한 것이고,

3. 「만화 짝짝궁」은 현 고등학교 3학년에 재
   학중인 유아림양이 그린 것이다.

4. 이 글에 나타난 자료는 환단고기·삼국유사
   ·삼국사기·삼일신고·천부경·팔리훈·설
   총의 화왕계·유정기의 계몽요전 등 한국정
   신사에 핵심이 된 글들을 간추려 정리한 것

이다.

5. 한글이 나오기 이전 이두문자 또는 순수 우
   리나라 말을 초출(抄出)하여 쓰다 보니 마치
   외국어를 읽는 것 같은 기분이 든다.

6. 이 글을 한문으로써 옮기면 시가 되고, 수필
   이 되어 대문장을 형성하였으므로 옛 사람
   들은 천자문처럼 외웠던 것이다.

짝짝궁

도 리 도 리 짝 짝 궁   도 리 도 리 짝 짝 궁

이 런 도 리 알 았 으 면 불 지 르 면 큰 일 난 다
들 에 서 는 곡 식 심 고 강 에 서 는 물 놀 이
탐 진 치 가 무 섭 다 고 업 비 업 비 하 였 단 다
제 아 비 도 활 - 활 의 제 어 미 도 활 활 의

잘 만 하 면 빛 - 나 고 잘 못 하 면 불 - 난 다
땅 - 놀 이 잘 만 하 면 부 자 되 고 잘 산 다 고
잘 만 하 면 빛 - 나 고 잘 못 하 면 불 - 난 다
홍 익 인 간 홍 익 중 생 우 순 풍 조 민 - 안 락

하늘에는 해 - 와 달 땅 - 에는 산 과 물
산 에 다 는 집 을 짓 고 바 다 에 는 배 를 띄 고
하 늘 에 는 칠 - 성 님 내 몸 에 는 눈·귀·코
부 모 형 제 우 애 하 면 이 런 도 리 잘 알 아 서

그 - 래 서 옛 사 람 이 뿌 라 뿌 라 시 - 어 상
그 러 므 로 옛 사 람 이 곤 지 곤 지 지 암 지 암
아 함 아 함 말 - 조 심 서 마 서 마 몸 - 조 심
삼 - 천 리 금 수 강 산 무 궁 화 꽃 피 웠 으 니

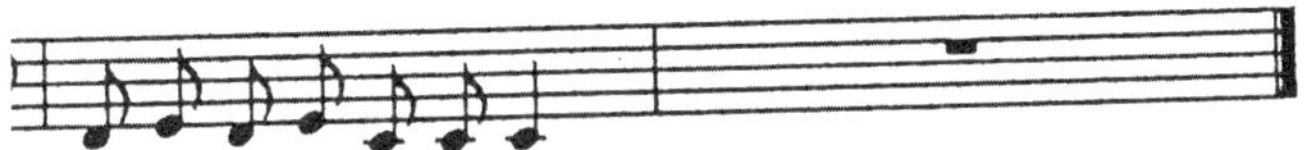

꿔 궁 꺽 궁 꺽 꺽 궁
꿔 궁 꺽 궁 꺽 꺽 궁
꿔 궁 꺽 궁 꺽 꺽 궁
꿔 궁 꺽 궁 꺽 꺽 궁

짝짝궁(가사)

1절 도리도리 짝짝궁   도리도리 짝짝궁
     하늘에는 해와 달   땅에는 산과 물
     이런도리 알았으면   불지르면 큰일난다.
     그래서 옛사람이   뿌라뿌라 시어상
     잘만하면 빛나고   잘못하면 불난다.
     꺾궁꺽궁 꺽꺽궁

2절 도리도리 짝짝궁   도리도리 짝짝궁
     산에다는 집을 짓고   바다에는 배를 띄고
     들에서는 곡식 심고   강에서는 물놀이,
     그러므로 옛사람이   곤지곤지 지암지암
     땅-놀이 잘만하면   부자되고 잘산다고
     꺾궁꺽궁 꺽꺽궁

3절　도리도리 짝짝궁　　도리도리 짝짝궁
　　　하늘에는 칠성님　　내몸에는 눈·귀·코
　　　탐진치가 무섭다고　업비업비 하였단다.
　　　아함아함 말조심　　서마서마 몸조심
　　　잘만하면 빛나고　　잘못하면 불난다.
　　　꺾궁꺽궁 꺽꺽궁

4절　도리도리 짝짝궁　　도리도리 짝짝궁
　　　부모 형제 우애하면　이런도리 잘 알아서
　　　제아비도 활활의　　제어미도 활활의
　　　삼천리 금수강산　　무궁화꽃 피웠으니
　　　홍익인간 홍익중생　우순풍조 민안락
　　　꺾궁꺽궁 꺽꺽궁

목 차

제2편 고사(告祀)와 유희(遊戲)

제1편 도리도리 짝짝궁

자연과 인문의 세계에는
천문지리 기상 운명이 있고
꿈틀거리는 생물 속에는
초목총림(草木叢林)
비금주수(飛禽走獸)가 있다.

또 낱낱의 인간세계에는
신체·생리·심리·의약이 있고,
그리고 전체적인 가족사회에는
인품과 역사가 있다.

"애야 너는 이 도리를 잘 알고 있느냐?"
하는 소리가
도리도리 짝짝궁이다.
도리도리 짝짝궁!

인류문화에는 학문과 종교 철학이 있고
도를 통하는 사람에게는 도통하는 길이 있고
사람 사는 세상에는
가옥과 기구·의복·음식이 있나니
애야, 너는 이 도리를 잘 알고 사느냐?
도리도리 짝짝궁!

그리고 사람이 사는 곳에는
정치와 경제가 있고
나라 살림에는 국가와 행정,
군사와 형벌이 있으며,
경제에서는 산업 교통이
상업 생사를 좌우하고 있는데,
애야 너는 이 도리를 알고 살고 있느냐?
도리도리 짝짝궁!

모르면 불나고
알면 빛난다.
뿌라뿌라 스상스상

그러므로 너는
이를 믿고 알고 섬기고 모셔
널리 세상을 이롭게 하면
삼천리 금수강산에
무궁화꽃이 활짝 필 것이다.

알았어 몰랐어!
알았으면 꺽궁,
몰랐으면 안꺽궁

1. 자연과 세계

하늘 땅이 분명하니
높고 낮음이 정해져 있다.

높은 곳은 건조하고
낮은 곳은 젖어든다.

그러므로 아버지는 스스로(自)
뻗은 가지(支)가 생명이고
어머니는 보배(寶) 못(地)이 생명이 된 것이다.[2]

사람이 사는 세계는

---

[2] 이 말은 인도의 자재천신(自在天神)과 스바신(濕婆神)에서 비롯되었다.

있는대로 들어났으니
동·서·남·북을 공간이라 부르고
춘·하·추·동과
고금(古今)을 시간이라 부른다.

해와 달이 밤낮으로 비치니
별과 별들이 곳곳에서 빛난다.

반달과 보름달 그믐과 초하루
찼다 기울었다 엎치고 덮치니

낮은 밝고 저녁은 어두워져
명암(明暗)이 분명하다.

2. 천문(天文)의 이치

창공은 곽막(廓漠)하여
지구로부터 멀리 떨어져 있는 것 같으나

이렇게 영원한 시간이 흘러가
천하의 만물이 그 속에서 변화한다.

변화하므로
가난한 사람이 부자 되고

병든 사람이 건강해지고
실패한 사람이 성공하게 되어 있다.

반대로 소년은 청년이 되고

청년은 장년이 되어

장년은 늙고
늙은이는 죽게 되어 있다.

눈꼽 만큼씩 남은 세월이
4년 만에 한 번씩 윤달(閏月)을 만들어
예수재(豫修齋)를 지내게 되어 있다.3)

식구대로 좀도리쌀 받아
가난한 사람 버려진 사람들에게
떡해주고 밥해주던 풍습이
지금은 장학금·의료보험이 되어
세상을 더욱더 복되게 하고 있다.

---

3) 미리 장래의 복업을 닦아 횡액을 없애고 세상을 복
   되게 하는 재.

3. 기상(氣象)의 변화

음양이 교차하면서
변화무쌍하니

증기는 하늘로 오르면 구름이 되고
지상으로 내려오면 안개가 된다.

냉기를 만나면 구름속에서 비가 되고
안개는 이슬이 되나

더더욱 추워지면 서리가 되어
초목들을 죽이게 되고

눈이 내리면

으스스 웅크린다.

눈싸라기는 뿌려져서 쏟아지고
번갯불은 번쩍번쩍,
우레소리 요란하면
장맛비가 넘쳐흘러 대보를 넘어뜨린다.

고운구름 높이 뜨면
세상이 시원하고
연못에 빙판지면
골절이 두려워진다.

태풍이 엄습하면
천하가 어지럽고
회오리바람 몰아치면
티끌이 휘날린다.

타는 불은
마른 풀을 태우고
저녁노을은

가물 징조이다.

채색무지개는
비가 개일 징조다.

하늘에 해가 뜨면
경치가 명랑하고
더위가 심해지면
폭염이 온다.

촛불(전기)이 켜지니
어두운 곳이 밝아지고
불탄 재가 빛나니
방안이 따뜻하다.

4. 산악과 지형

땅덩어리가 후중(厚重)하니
산악이 수려하게 빼어나고

바위언덕 험한 곳에
첩첩한 골짜기가 깊고 깊다.

기울어진 비탈길은
소등처럼 뻗었는데

물가의 둔덕에는
반드시 연안(沿岸)이 생겨난다.

동굴은 깊고

항만에는 뚝이 막혔고

창해는 넓고
파도는 넘쳐흐른다.

물결은 끊어졌다 이어지는데
여울은 천천히 흐르다가 급히 달린다.

조수(潮水)와 호수(湖水)는 넓고 깊으며
못은 구정물을 가라앉히는 정수기다.

뜰못에는 마른 잎이 번성하고
진흙 못은 맴돌다 흐른다.

시냇물은 논두렁을 흘러내리고
폭포수는 절벽에서 뛴다.

둔덕위의 샘은
분수처럼 흘러내리고

마을속의 우물은
파서 모인 것이다.

산령은 군(郡)의 경계를 형성하고
흐르는 내는 주(州)의 경계가 된다.

유럽 아세아는
동서 양 양(兩洋)으로

넓은 지상에선
가장 큰 주(州)가 된다.

5. 운명(運命)

사람들은 매년 정초가 되면
일년 운수를 점쳐 길흉을 알아본다.

점치는 책은 복잡다단해서
그 끝을 찾을 수 없지만

그래도 사람들은 무엇인가를 표준삼아
자기의 운명을 개척해 보려 노력한다.

어떤 사람은 비결을 잘못 선택하고
무꾸리의 말을 따라 함정에 빠진 뒤

조소하고

고소(告訴)하고 꾸짖지만

지난 일을 원망하는 것은
어리석은 자의 소행이다.

복과 명예는
선을 쌓는데서 오고

화와 어려움은
악을 짓는데서 온다.

그러므로
흉보고 비방하는 일을 삼가야 한다.

용과 거북이는
상서의 상징이고

올빼미와 독사는
재액의 조짐이다.

흥망성쇠는
둥근 공이 굴러가는 것과 같아

치밀하게 닦고 더욱 노력하는 데서
창성하고 번성한다.

경쟁하는 도박은
비록 형통한다 하더라도

끝에 가서는
한 가지 거품이 되고 마니

삼가하고
삼가 할 일이다.

6. 풀·나무

일찍 굳은 씨를 심었더니
싹이 터서 줄기가 뻗고

뿌리 또한 내리니
가지 끝에서 잎이 핀다.

또 끝동이 무성해지더니
붉고 예쁜 꽃이 피었다.

쑥도 삼밭에 나면 곧고
평야의 칡은 넝쿨로 이루어진다.

지초와 난은 향기가 그윽하고

연꽃과 국화는 소담하고 청결하다.

장미는 번성하므로
부귀의 상징이 되고

파초는 훤출하므로
장성의 뜻이 있다.

포공영은 부드럽고
잔디는 뾰족하고

해바라기는 해 따라 돌고
부평초는 바람에 옮겨간다.

푸른 쪽은
물감의 원료가 되고

흰 배추는
반찬의 재료가 된다.

파는 맵고
생강은 더 매우며

김은 담하고
미역은 짜다.

박은 바가지의 어머니요
무명은 솜옷의 원료이다.

풀과 겨자는 가벼운 것에 비유되고
밀 보리는 어리석은 것에 비한다.

풀 나무로 어리석은 사람 비유하나
어리석은 사람 풀 나무만 못한 자도 많다.

싹이 자라면 포기가 되어
곧장 올라오면 나무가 된다.

송백(松柏)은 항상 푸르고
오동(梧桐)은 일찍 진다.

앵두는 붉고 황귤은 달다.
매화와 대나무는 정절을 상징하고

구기자는 구불구불,
버드나무는 바람에 춤추고

참죽, 전단은 강하여
건강장수에 비유된다.

귀목은 무늬가 어여쁘고
닥나무는 질기다.

대추와 밤은 남녀의 상징이고
배는 시원하고 감은 떫다.

석류는 오월(午月)이고
계수나무는 유월(酉月)이다.

가시나무는 베어서 쪼개 쓰고
능갓에는 도끼를 금지하니

살림이 우거져야
자손이 잘된다 하기 때문이다.

탱자는 생울타리로 좋고
은행은 암수가 서로 봐야 열매를 맺는다.

개오동나무는 붓 매는데 좋고
붓은 서예하는데 쓰는 도구다.

7. 비금주수(飛禽走獸)

계란에서 병아리가 나와
자웅(雌雄)을 구별하기 어렵더니

새벽닭 홰치는 소리가
아침까지 이어진다.

봉황은 상서를 드리우고
원앙은 제짝을 좋아한다.

큰 새는 먼 길을 날으고
메추리는 좁은 길에서 논다.

황새가 쪼니

조개가 입을 다물고

매가 나니
꿩이 숨는다.

자고새는 화목을 상징하고
두견새는 슬픔을 노래한다.

꾀꼬리는 언덕에서 그치고
갈매기는 모래밭에서 논다.

학은 거문고 따라 춤을 추고
까마귀는 부리로 도리어 어미를 먹인다.

홍곡은 뜻이 커서
제비를 벗삼지 않는다.

완악한 독수리는 높이 하늘을 날으면서도
밝은 눈으로 지상의 쥐를 살핀다.

앵무새는 사람 말을 흉내내나
그 등을 쓰다듬으면 병아리가 된다.

기러기는
순서를 따라 날으고

오리똥속에서
금을 건지기도 한다.

짐승의 격투기는
손톱과 발톱, 어금니 발이다.

사자가 소리치니
토끼가 움츠리고

고양이는
쥐를 잡아 놀리고 있다.

여우는 범의 위엄을 빌리고
산돼지는 추돌하는데 집돼지는 둔하다.

소와 양은 꼴로써 먹이고
낙타와 말은 멍에 해서 탄다.

기린은 사슴의 족속이고
황견과 삽살개는 개의 종류이다.

이리는 난폭하고 성내서 거슬리고
원숭이는 울면서 나무에서 재주부린다.

곰과 표범은 강하면서도 모질고
개미와 모기는 작으면서도 강하다.

아롱진 나비는 날개로 춤을 추고
검은 매미는 노래부르는 천사다.

벌은 꿀과 밀을 만들고
누에는 집을 지어 실을 뺀다.

지렁이는 진흙 밭에서 살고
거미는 허공 가운데서 그물을 친다.

개똥벌레는 불을 켜는데
고슴도치는 땅을 판다.

소라는 껍질 속에서 살고
달팽이는 더듬이로 길을 간다.

파리는 방안에서 돌고
벌레는 굽신거리며 걸어간다.

개구리는 울고
황충은 벌레를 잡는다.

8. 인간의 생리

뇌수는 인간의 제왕이고
살과 힘줄은 뼈를 묶고 있다.

우뚝한 이마는 높은 곳에 있고
가슴속에는 가장 귀중한 것들이 많아

그래서
갈빗대가 이를 수호하고 있는 것이다.

임파선(淋巴線)과
지방(脂肪)은

온 몸에 퍼져

손발을 움직이게 하고

어깨와 등은 짊어지고 다니고
팔과 다리는 폈다 굽혔다 한다.

주먹과 손바닥은
쥐었다 폈다 하고

다리와 팔은 주체(主體)를 돕고
무릎은 팔을 꿇어 앉아 예를 올린다.

배꼽은 몸의 한 중심에
자리 잡고 있고

맹장은
혹처럼 배에 붙어 있다.

웃을 때는 허리를 구부리고
놀랄 때는 겨드랑이에서 땀이 난다.

한쪽 다리로 나아가면 절는다 하고
다문 입술을 열어 하품을 한다.

머리가 빠지는 것은
병약(病弱)의 징조이고

아홉 구멍(竅)은
신체의 숨통으로

청탁이 모두
그곳을 통해 들락거린다.

5장(臟)에 혼백이 감춰 있으니
비장·폐장·간장·신장이 그것이다.

장부는 식물찌꺼기를
나르는 역할을 한다.

입으로 받아
목구멍을 넘겨주면

위액이 담즙을 내게 하여
협동해서 영양을 만든다.

콧구멍으로 숨을 쉬고
치아로써 음식을 씹고

눈으로써 밝혀 보고
귀로써 소리를 듣고

혀에서 침을 내서
오줌은 방광이 걸러낸다.

맥이 뛰니
피가 나아가고

항문을 쪼여
거친 찌꺼기를 모은다.

누워서 자면 꿈이 얼핏 보이고
앉아서 자면 쉽게 잠이 깬다.

남자는 수염이 나고
여자는 임신을 하니

잉태 후에는 조심스럽게 힘을 길러야
해산할 때 큰 걱정이 없다.

해산하여도 아이가 울어야 안심하나니
어미가 태자루를 낳기 때문이다.

강보에 싸 젖을 먹여 한참 길러야
장차 커서 사람이 된다.

9. 심리(心理) 의약(醫藥)

간절히 생각하여 그리워 동경하면
환상 속에서 황홀한 마음이 나타난다.

비분강개(悲憤慷慨), 시기질투하면
사적감정에 빠지기 쉽다.

기뻐하면 용약(踊躍)하나니
음란한 생각은 생각도 하지 말라.

괴로워하고 권태(倦怠)해지면
기쁜 가락을 방해한다.

슬프면 눈물이 흐르고

놀라면 겁이 나고

두려워하면 근심이 생기고
부끄러워하면 가슴이 막힌다.

수치한 일이 있으면
참회하라.

홀로 된 이들을 어여삐여기고
곤고하고 고독한 사람들을 도우라.

분노하면 질식하고
현혹되면 생각이 나누어진다.

슬픈일엔 가서 위안하고
황송한 일도 가서 청하라.

혼몽한 자는 깨우쳐 주고
온유한 자는 펴서 씻어주라.

원수를 미워하는 마음 잊어버리고
즐겨 양해를 구해 해학(諧謔)을 즐기라.

병이 있으면 증세를 보아
진단하여 치료하라.

홍역은 아이들 병이고
해수는 노인병이다.

어리석고 미친병은
허물병이고

팽창병은 근심병이니
수척한 사람은 도와서 보호해주라.

피로한데는 휴식이 제일이고
나병·암병은 고질병이다.

천연두는 낯을 얽게 하고
옴은 가려움 병이다.

회충·요충은 창자병이고
설사구토는 토사병이니

배고픔을 견디고
죽을 먹으라.

종기가 터지면 고름이 되고
경련이 심하면 천식이 된다.

치질(痔疾)과 이질,
학질과 담증(厭症)

종기 물린데는
균을 빼내고 독을 제거하라.

환약과 고약,
여러 가지 조제약이 있으니

쑥으로 뜨고 초(炒)로써 쪼여
마찰 지압으로 통증을 가시도록 하라.

10. 인격과 가족

사람마다 얼굴이 다른 것은
개성이 뚜렷하기 때문이다.

못난이가 백천이면
그 중에 잘난 이는 한 둘이 있다.

호협한 것도 타고난 성품이나
학문과 덕은 노력하면 된다.

교만은 사치로 기울기 쉽고
검소는 인색에서 온다.

겸양한 자는 부지런히 노력하라.

순박한 자는 경건하다.

한려(悍厲)한 자는
가족에게 기울기 쉽고

거만한 자는
방자하기 쉽다.

간사한 자는
교활하고

간특(姦慝)하면
요망(妖妄)해진다.

아첨 자는 질투하고
겸손한 자는 공손하다.

좋은 속담을 벗 삼아서
더러운 버릇 고쳐
씩씩하고 호걸스럽게 살아가라.

누가 거만하게 업신여길 것인가.
본분에 편안히 욕심없이 살아가는 사람을!

흉보고 기롱하더라도 그를 초월하여
편하게 놀고 가르침을 펴가면

개나 짐승들이
오히려 가까이 할 것이다.

혼인하여
가정을 취하는 것은

부처(夫妻)의 해로라,
경사스러운 일이다.

아름답게 권속을 거느리고
숙녀는 배필이 되어 따르면

부모는 사랑스럽고
자녀는 효행하리라.

착한 자식과 사랑스런 딸
낮은 자세로 은근히 시봉하니

돌아가신 뒤에도 고비(姑妣)라 하니
대이은 적자들이 추모할 것이다.

할아버지 계통은
손자가 되고

장인은 맞이한
사위가 이을 것이다.

형제의 아내 제수씨가
숙질들과 함께 돈독히 할 것이니

누이와 여동생 고모와 이모
시집가서 편케 즐기고

외삼촌 생질의 친척은
돈독하여 믿고 의지할 것이다.

잠깐사이 정이 들고 믿음 얻으니
족보에 오른대로 대를 이어가리라.

과부와 첩은 탄식하고 한탄하나
종들은 도리어 싫어할 것이니

노비를 해방시키고
고용인들을 환대하라.

11. 사회 도덕

사회 생활은
너와 나의 관계이다.

각성해서 제 책임을 돌아보고
서로 붙들어 공경하라.

남을 위해 알선해주고
삼가 해서 폐를 끼치지 말라.

손님을 맞아서는
큰 절로 영접하고

벗님을 전별할 때는

차(茶)로써 나눈다.

거룩한 공을 포상하고
타락한 자는 편책하라.
다같이 축수하는데
예물이 있으면 더욱 좋다.

옛벗을 뜻밖에 만나
새벗에게 소개하고

옛스승을 찾아가
함께 섬겨 모시게 되면

옆에 앉아 말을 듣고
옷깃을 여미고 강론하라.

비적이 심해서
현·읍을 노략,

위협을 느끼게 되면

이웃을 격하여 궐기해서 평정하라.

만약에 괴이하여 알력이 생기면
파가 갈려서 단체가 무너질 것이다.

역사는 자루(紀柄)라
심판하여 간사(奸邪)함을 더는 것이다.

하나라 걸과 은나라 주는
나쁜냄새를 풍겼고

초나라 혜왕(楚惠)은
나물에 거머리를 먹었으며

백이숙제는
꽃다움을 남겼다.

송나라 인종은
비싼 계를 가져오지 못하게 하였다.

설총과 최충은
신라 고려의 뛰어난 철인이요

퇴계 율곡은
조선조의 석학이다.

한석봉 허미수는
해서와 전자에 쌍벽이고

그 계통을 이은 이들이
이 나라 선비들이니

어느 여가에
다 들어 설명하겠는가.

12. 쪽성(族姓)과 간지(干支)

족성 간지(干支)에 대하여
간단히 기록하여 볼터이니 참고하라.

강(姜)씨 양(梁)씨 여(呂)씨 노(盧)씨와
유(劉)가 민(閔)가 배(裵)가 심(沈)가,
오(吳)씨 유(兪)씨 정(鄭)씨 조(曹)씨
조(趙)가 진(秦)가 채(蔡)가 한(韓)가는
모두가 성씨이고

갑(甲) 을(乙) 병(丙) 정(丁)과
무(戊) 기(己) 경(庚) 신(辛)
임(壬) 계(癸)는 십간이고,

자(子) 축(丑) 인(寅) 묘(卯)
진(辰) 사(巳) 오(午) 미(未)
신(申) 유(酉) 술(戌) 해(奚)는 12지다.

금(金) 목(木) 수(水) 화(火)
토(土)는 5행인데
나무는 불을 내고
불은 흙을 내고
흙은 금을 내고
금은 물을 내고
물은 나무를 내므로 상생이 되고,

나무는 흙을 꺼리고
흙은 물을 꺼리고
물은 불을 꺼리고
불은 금을 꺼리고
금은 나무를 꺼리므로 상극이다.

13. 이치와 철학

복희(伏羲)씨는
하도(河圖)에서 괘상(卦象)을 그렸고

주(周)나라 문왕은
그곳에 계사(繫辭)를 붙였으며,

공자님은
그곳에 열 개의 날개를 달고

신농(神農)씨는
맛을 보고 찾아가 약효(藥效)를 알았다.

황제는 지백(忮伯)에서 문답하여

의상(醫相)을 밝혔고,

낙서(洛書)는
기자(箕子)가 홍범(洪範)을 추연(推演)한 것이다.

요·순·우·탕(堯·舜·禹·湯)은
내성(內聖) 외왕(外王)이니

능히 극기수신(克己修身)하여
널리 백성들을 구제하라.

높은 이도 사람들의 수요를 따랐기 때문에
중니(仲尼)께서 받아 기록한 것이니

삼강(三綱 : 明德·新民·至善) 팔조목(八條目 :
格·致·誠·正·修·齋·治·平)이 그것이다.

인·의·예·악(仁義禮樂)으로
중용(中庸)을 잡아 가지고
정명(正名)의 사상을 제창하니

백가쟁명(百家爭鳴)이 나타난 것이니,
그 누가 이를 감히 비교할 수 있겠느냐.

큰 재주는 기(幾)를 알고
눌박(訥朴)은 말하기를 꺼려한다.

혼돈(混沌)이 처음 열렸을 때
태극(太極)이 비롯되었으니
음양양의(陰陽兩儀)가 소장(消長),
5행이 생하고 극(克)하였다.

수·화·금·목(水火金木)에 흙이 끼어드니
5행이 분명하다.

진리는 깊이 숨어 쌓여
모든 물건을 일관하였고

기운은 나타나 형상을 이루니
억조창생이 모두 이로부터 생겨났다.

근본으로 올라가면 끝을 따르고
본체를 짓고 보면 작용이 분명하다.

위대하구나 대역(大易)이여,
모든 종류를 다 끊어 잡았으니,

옛 서적을 다 섭렵하여
현묘한 진리를 마음대로 보니

널리 여러 학설의 요점을 알아
철저히 비평하고

궤변을 발라내어 버리고
찌꺼기를 걸러내어

참된 견해만 꺼내
말을 하지 않고 몸소 실천,

분과(分科)를 쪼개고 지혜를 넓혀
널리 익숙하게 윤리를 장려하라.

14. 종교와 문학

석가는 부처인데
마음을 깨달은 사람이고,

고·집·멸·도(苦·集·滅·道) 4제를 깨쳐
6도의 바다를 건너게 하였다.

보시·지계·인욕·정진·선정·지혜와
인과 업보 영겁윤회를 밝혔다.

얽혀 등졌던 것을 끊어버리고
번조한 마음을 꺾어 깨끗하게 하니

가슴에 문란한 동요가 막혀

오직 정직한 마음을 얻게 된다.

절에 가 참배하고
목탁 염불소리 들어보아라.

그리스도는 희랍말로 구세주이니
요단강에 이르러 세례를 받고
신령에 이르러 감응하였다.

기도로써 은혜와 사랑을 받고
찬송으로 정성을 다하니

신앙의 불꽃이 일어나
열이 마장을 불태웠다.

그러나 십자가에 매달려
희생 되었으니

이는 원죄를
대속하기 위한 것이었다.

한자(漢字)의 구조는
원래 회화(繪畫)에서 근원하였다.

음은 오히려
아직 울리지 아니했으나
뜻은 확실히 소통이 된다.

눈으로 보면
확실하게 얻게 되는데

인상이 남아 있으면
기억하게 된다.

열람하기 쉽고
기억으로 파악하나니

글귀는 간단해도
뜻은 복잡하고,
뜻을 통달하면
소리도 아름답다.

아름다운데는 줄을 긋고
제목을 의지해서 재료를 모아

상세히 연구하고
귀감이 될 만한 것은 베껴 쓴다.

편지는 번역해서 글 뜻을 바로 이해하고
문장 따라 구절과 항목(項目)을 짓고

주를 달고 순서를 따라
엮어 놓고

잘못된 것을 고치고 도려내
구슬처럼 아름답게 꾸며

차례대로 꼬리를 맺고
서문을 싣고
발문을 써 붙으면
한 권의 책이 된다.

15. 가옥과 도구

고향을 떠난 사람들이
도시에 모여 사니

주택들이 밀집하여
석가래 처마가 즐비하게 되었다.

대지의 평수가 작고 좁으니
들보 위에 층계로 인해

계와 위에 칠을 해서
채색이 찬란하게 되었다.

가문이 큰 저택은

원장이 넓고 길어

한 구역을 다 차지하였다.

누(樓)와 정자의 낭하가에는
난간이 융숭하게 뻗쳐 있고

방실은 빛나고 사치스러우며
창호는 선명,

액자를 당헌(堂軒)에 붙이고
규전(閨殿)은 궁벽해 안은한데

창고를 열고
잠갔으며,

학교 공장에는
큰 문을 해서 열고 닫았다.

요사는 기숙하는 집이고

암자는 삭발한 사람들이
사는 곳이었다.

옛집 헐고 황폐한 터에
주초(柱礎)를 다져
다시 집을 지으니
더욱 새롭고 역사가 풍요롭다.

사는 집에 여러 가지 물건을
차례대로 놓으니

장롱과 상자,
병풍과 평상,

거울 접시(본그릇),
피리, 거문고, 퉁소, 악기,

바둑, 책상,
의자 깃상(几)은

책상을 향해 있고,
먹과 벼루는 뚜껑을 막았다.

주렴을 내려 장(帳)을 대신하고
대자리를 쓸고
배석(席)을 펴니
기(幟)와 패(牌)는 긍지(矜持)이고
부채와 양산은
맑고 비오는 날 쓰는 물건이었다.

풀과 아교는 부치는 것이고
칼날은 깎고 쪼개는 것,

지갑을 가지고 쪽지(箋)로 꿰매고
새끼를 꼬아 통을 동였다.

칼로는 베고
송곳으로는 뚫고

쇠뭉치로 치고

망방이로 분쇄하였다.

산대는 계산하는데 쓰고
매로 쳐

그릇으로 가마솥에 물을 붓고
불을 때니

부엌의 아궁이에서
끄름이 난다.

질그릇으로 옹기 시루를 조련하니
나무판에서는 자개무늬가 생겨졌다.

16. 의복과 음식

무릇 의상을 입는 것은
체온을 보호하고
몸을 덥게 하기 위한 것이고,

모자를 쓰는 것은
얼굴을 꾸며
사람들에게 보이기 위한 것이다.

포(袍)와 신(紳)은
선비의 복장이니
소매 품이 넉넉하고
넓은 것이다.

삿갓을 쓰고

수건으로 싸맨 것은
햇빛을 막고
즐겨 노동하기 위한 것이다.

섬유질로 짠 버선
가죽으로 만든 구두는
모두
남녀를 위한 것이고

요를 펴고
베개를 베고 이불을 덮은 것은
잠자리를
편안하게 한 것이다.

명주와 비단은
빛나는 직물이고,
흰솜은 순색으로
뭉실뭉실 하다.

떨어지면 바로 남루해지는 것이지만

더러워지면 세탁한다.

떨어지면 꿰매고
구멍 난 것을 메우고
너덜너덜한 것은 가위로 배어낸다.

이것은 모두 가난한 사람이
알몸을 면하기 위한 것이다.

바라는대로 흡족한 마음을 가지면
어찌 수놓은 비단만 좋겠는가.

목욕하고
때를 벗기고

감사히 갈아입고
방직을 돕는다면

장농속의 포백과
자루속의 식량이

넉넉하게 될 것이다.

곡식을 호박방아에 찧어서
키로 까불어 겨를 버리고

정미로운 것만 거두어
불로써 밥을 지으면

기장가루로는 떡을 해먹고
누룩을 버물러 술을 빚는다.

국수를 삶고
소금을 넣어 녹이고

비닐달린 고기를 낚아
화로에 굽고 냄비에 끓여

간장 기름 초 마늘 다져
잉어회에 뿌리고
추어탕을 달여 끓이고

고래포는 도마에서 벤다.

저녁상에 안주를 다 차려서
동네사람들 모여 대접하는데
병에 넣은 단술로서 잔에 채워 권하고 보니
얼굴에 기쁨이 가득하다.

취하고 흥이나서 흡족하게 즐기니
숟가락 젓가락이 춤을 춘다.

설탕 엿 소락을 겸하고
다음에는 포도와 차를 대접하니

기생들은
즐겨 노래를 부르고
배우들은 손뼉치고
무도를 한다.

굶어서 매마른 사람도
이쯤되면 갑자기 배부름을 느낀다.

17. 정치와 경제

옛적에 황제폐하를 상고해 보니
경계하고 조심해서 관대히 용서하였다.

공경히 조서를 내려 명령을 내리는데
늘 경들에게 물어서 한다.

충신은 보필을 잘하고
간신은 잘못 아뢰는 것을 잘한다.

후비는 사이로
침선(寢繕)에 신경을 썼다.

고관들 오직 착한 자를 세우고

공이(貢吏)는 기술이 능한 자를 세웠다.

거리와 국경을 막아
지키는데는 성곽이 제일이요

맹방이 약속한 것을 믿어야
비로소 패권을 잡을 수 있다.

임금이 궁정에서 나와
제후들에게 옥쇄를 나누어 주고

호송하는 자가
허수아비를 천거하는데도
벼슬과 작록을 주었다.

그의 법도가 퇴락하게 되면
임금이 홀로 전횡하게 된다.

그러므로 제도를 쇄신하고
헌법을 세워 법치를 하나니

여야의 정당이 대치한 가운데서도
권력의 균형을 잡을 수 있다.

정부의 수령은
총람(總攬)해서 명령하고
관청일을 맡은 이들은
부·국·과·계(部·局·課·係)로써 한다.

내각관료를 뽑을 때는 경륜을 시험하고
관청에서 벼슬아치를 올릴 때는
시험(試驗) 본방으로 위촉한다.

일 안하고 먹는 자는
파면하여 내쫓고,

감투만 쓴 자는
내쳐 버려야 한다.

규율을 엄하게 익히면
직무를 완수한다.

보수 봉급은
항상 족하게 하여야
착취하는 것을 막을 수 있고

세금은 삭감해서
적게 할수록 좋다.

참람한 사람은 죽이고
공있는 사람은 표창하라.

백성을 가르쳐서
풍속을 바로 하면

경찰서 형무소가
한가해질 것이다.

승낙을 배반하여 소송할 때는
배상하는 의론을 호송하고

의옥(疑獄)으로

부정한 사건을 입건할 때는
헛된 이름을 탄핵해서 따져 벌주라.

오랑캐가 침략하면
방어할 군대를 모집하여 편성하고

용맹한 장군들에게
말을 주어 타게 하고

군대를 거느리고 지휘,
정벌한 것을 보고하게 하라.

적의 도전을
섬멸하겠다고 맹세하게 하고

깃발을 걸어
사기를 돋구라.

쇠북을 치고 나팔을 불어
활과 창을 들고

투구를 써 무장시킨 뒤
짐차 포를 끓고
맞이하여 대적하게 하라.

협공 유인하여
흉적의 졸개들이 패해서
달아나 숨으려 할 때는
.

토성에서 적진을 사격,
적장 괴수를 치고 납치,
방위하여야 전쟁을 이기게 되어 있다.

전리품을 가지고 돌아오면
대오(隊伍)가 더욱 넓어져서

참막(站幕)으로 주둔,
무장이 삼엄하니

초소를 제어하여야
병기를 그쳐 칼날이 눕혀진다.

그 때에는 다시 무찌르고
죽여서 수라장이 되게 하여서는 안된다.

과실(恣)과 죄악을 침범했을 때는
거꾸로 재앙을 부르는 수가 있으니

이롭게 하고자 하였다가
해(害)를 부른 것이니

지혜있는 사람이 빠져
아득히 막혔기 때문이다.

시역(弑逆)하고 찬탈(簒奪)
학살하고 유괴한 것이나

절도 사기,
돈받고 간첩행위 한 것은

어둠속에서 외로운 그림자이니
반드시 대중 앞에 들어내

감히 달아날 수 없게 해야
자기 혼자 흔적을
도리어 숨길 수 없을 것이다.

마침내 잡혀 끌려가면
추잡한 일이 되어

고문하고 수사해서
증거를 모아 검사한 뒤

선고해서 투옥할 것이니
어찌 놓아주기를 바라겠는가.

형벌이 재판 속에서 죽이고
원수가 끌어 치려하니

원수는 폐질(吠叱)하고
형벌은 기록하여

길고 짧은 것으로

몸을 핍박한다.

어찌 천하게 움직여
징계를 하겠는가.

차라리 목매어서
명을 마치는 것만 못하리라.

거친 빈터를 개간하고
쟁기로 밭고랑을 갈고

사직에 제사지내
풍년을 기원하고

일찍이 흉년
어려움을 피하게 하였다.

밭에는 팥과 조를 파종하고
논에는 벼 모종을 심고

보를 쌓고
도랑을 만들어 물을 대

이삭이 여물면
베어서 수확한다.

가마니에 넣어
창고에 쌓고

원두(圓頭)가 비옥한 것으로써
채소 과일을 재배한다.

공장이 기교함은
수련하고 단련한 소치이고

끊고 깎고 다듬고 갈고
쇠를 녹여 틀을 만드는 것이
기계를 풍족하게 하니
추줄하고 거친 것이 없어졌다.

정결한 것은 곱고
매력으로 빛난다.

은과 동을 단련하고
광산을 뚫어 석탄을 캔다.

凹凸은 연판(鉛版)으로
책(冊)을 새겨 발포하니
궤도에 차 자욱이 분명하다.

18. 교통과 상제(商祭)

궤도로 차바퀴가 굴러
왼쪽으로 가고 오른쪽으로 온다.

산을 만나면 굴을 뚫고
구렁에 이르면 다리를 놓는다.

역에서는 쉬었다 가기 때문에
하물운반이 빈번하다.

나그네의 승차로 인하여
매찰구와 개찰구가 만들어져 바쁘다.

우체국은 역원이 중심이 되어

그 편에 편지를 보내고

비행기는 항로를 날아
먼 거리를 지척처럼 달린다.

자석은 남북을 가르키는데
등대는 봉화처럼 퍼진다.

어선은 돛을 달고
물가 섬을 돌아가는데

깊은 바다에서는 큰 배가 머물면
부두에는 사람들이 분주하다.

차량은 뛰어달리므로
교차로에서 신호등이 깜빡여도
교통순경이 호루라기를 분다.

경기(京畿)는 상가라
떼거리들이 많은데

새벽 일찍부터 시작하여
저녁 늦게까지 분주하다.

수요와 공급이
적당히 가격을 매겨놓으면

물건과 물건을
교환하는 사람도 있지만

요즘엔 동전 지폐로써
그만 흥정을 내고 만다.

자본이 넉넉한 사람은
쌀 때 사놓아 비쌀 때 판다.

자본과 비율이 반반 된다 해도
돈 있는 사람은 앉아서 이자를 뗀다.

말로 되고 자로는 재고
저울대는 달고
부르는대로
민첩하게 감정하여
섞이지 않게 하니
그 재주는 주판 속에서 나타난다.

푸줏간 사람들은
고기를 걸어 놓고

어물전 사람들은
썩지 않게 파리를 쫓는다.

지폐가 돈이 아니라
물건이 재화구나.

썩은 것을 가려서 버리고
시든 것을 골라내 놓으니

싱싱한 것은 싱싱한 대로

마른 것은 마른대로
한 가지도 버리는 것이 없다.

어리석은 사람은 종일토록 돈을 세어도
자기 것은 반푼어치도 안되니
있을 때 베풀면
죽어가는 사람도 살릴 수 있다.

어떤 사람 어디에 약속이 있어
어제 앉았다가 오늘 누우니
집을 버리고 떠날 때는
온통 세상이 울음바다가 되는구나.

부음소리 듣고 모여온 사람
지방 시중에 가득하여

옛이야기 가슴에 회포를 풀고
만장을 쓰고 시를 읊으니

충심으로 꺼내 글로 그려서

엎드려 조상하고 부의한다.

슬프다 인생이여.
요절이 웬 말인가.

원통이 죽은 시체
관속에 넣어서 관중에 파묻으니

머리에는 쑥대가 우거졌고
망부석이 왠말인가.

진세를 멀리하고
산수에 누웠으니

전기를 지어 비를 세우고
시호를 내려
벌레 가에 세워 놓으나
개미가 기어가면서 인사를 하는구나.

원통하다 인생이여,

귀신은 그 속을 알까.

책 속에서는 신선으로 모셔져 있으나
눈앞에서는 썩은 냄새만 나는구나.

그러므로 석가여래
출가하여 생사를 그쳐
머리 깎고 중옷을 입으니
사람들은 살아 이별한다.

눈물을 흘리는구나.
주문을 외워 명복을 빌어도
화장한 재는 탑속에서 잠들어
우는 사람을 바라본다.

19. 가계(家系)

고조 · 증조 · 조부 · 부친,
형제 · 자매 · 울타리서니

자기 밑엔 아들 · 손자 · 증손 · 현손
형제 밑엔 조카 · 종손 · 종증손
자매 밑엔 생질 · 종외손 · 종외증손

아버지 형제는
숙부와 고모
숙부의 자손은

종형제 · 종질 · 재중손 · 재중증손

어머니 밑에는
고종·고종질·고종손·고종증손

조부형제는 종조부·종고모

종조부 밑에는
종숙·재종형제·재종질·삼종손·삼종증손

종고모 밑에는
종고숙·종고종·종고질·종고손·종고증손

증조부 형제는
종증조·종고모

종증조 밑에는
재종조부·재종숙·삼종형제·삼종질·사종손

종고모 밑에는
종고조·종고숙·종고종·종고종질·종고손

외가 계통을 보면
외고조 · 외증조 · 외조 · 모친
자기 · 여(女) · 외손 · 외증손 · 외현손,

어머니 형제는
외숙 · 이모,

외숙 밑에는
외종형제 · 외종질 · 외종손 · 외종증손

이모 밑에는
이모형제 · 이종질 · 이종손 · 이종증손,

외조형제는
외종조 · 외종고모

외종조 밑에는
외종속 · 외종형제 · 외제종질 · 외제종손,

이모 밑에는

이종형제·이종질·이종손·이종증손,

외증조 형제는
외종증조·외종고모

외종증조·외종고모 이하는
친족계통과 같다.

20. 친족칭호

조부는
대부주(大父主)·왕부(王父)

돌아가셨을 때는
현조고 처사(학생) 부군신위
조고·왕부·왕고

상대방이 호칭할 때는
왕초장·왕부장·존조장

조모는
대모주(大母主)·왕모(王母)

돌아가셨을 때는
현조비유인 ○○씨 신위

상대방이 호칭할 때는
존조모·존대부인 조비(祖妣)

아버지는 부주(父主)
현고학생(처사) 부군신위
선인·선친·선고

상대방이 호칭할 때는
춘부장·춘당(椿堂)

어머니는 자주(慈主)
현비유인 ○○씨 신위
선비·선장·선모

상대방이 호칭할 때는
자당(慈堂)·북당(北堂)

자신은 외주부(外主夫)
현벽처사(학생) 부군신위
선부(先夫)

상대방이 호칭할 때는
부군(夫君)
부인은 실인(室人)
고설유인 ○○씨 신위
망실·고실·고처(故妻)

상대방이 호칭할 때는
영부인(令夫人) 합부인(閤夫人)

방계 친속일 때는
형은 백형주·형주·종형주(伸兄主)
사형(舍兄)·사백(舍伯)·사중(舍仲)

상대방 호칭으로는
백씨장(伯氏丈)·종씨장·계씨장

스스로 말할 때는
사제(舍第)·계제(季第)라 부르고

동생(弟)일 때는
중군·계군·제군·
사계(舍季)·가제(家弟)
영제씨(令弟氏)·영계씨(令季氏)라 한다.

종형(從兄)일 때는
종백형주·종형주·종중형주
종형·종군·종씨
영종씨·종백장·종씨장
당제·종제라 부르고

종제일 때는
백종군·종군·계종군,
종제·종아(從阿)
영종씨·현종씨·귀종씨라 부른다.

숙부(叔父)일 때는

백부주·종부주·숙부주·계부주
사숙(舍叔)·백종숙·계부
완장(阮丈)·왕부·백중·숙계
종제·질자·유자(猶子)

조카(侄)일 때는
백질·질아(侄兒)·종질
절아·사질·비질(鄙侄)
귀함씨(貴咸氏)·영함씨·혐함씨라 부른다.

종숙부(從叔父)일 때는
당숙주·종숙주·
종숙·당숙·
종숙장·종완장(從阮丈)·당완장
종질·당질,

종질일 때는
백종질·종질·계종질
종질·비당질
영종함씨·영당함씨라 부른다.

종조부(從祖父)는
종대부주·종조주
종조·숙조·
종조장·숙조장·
종손이라 부르고

종손(從孫)일 경우에는
종손
증손
영증손이라 부른다.

또 족친일 경우에는
족조주(族祖主)·족숙주,
비족조(鄙族祖)·비족숙·비족종·
귀족조·귀족숙·귀족령·
족제·족질·족손·족종이라 부르고

족종(族從)일 경우에는
형수·제수·계수·
형수·제수

종수씨·영수씨라 부른다.

외조(外祖) 계통은 친족과 비슷하고
인척(姻戚) 관례로 볼 때는
처부모·처숙·처남·처질·동서로 호칭하고

장인·장모·악장(岳丈)·존장모(尊丈母) 등으로
부르고

사회친속으로 볼 때는
은사·존부·친우·단체 등으로 호칭하는데

특히 스승일 때는
선생님·노장님·
인형·대형
귀회(貴會)·귀사(貴社)라 하여 존칭사를 쓴다.

스스로 말할 때는
문하생·문생
시하생·시생

정제(情弟)·졸제(拙弟)
폐점(弊店)·폐사(弊社)라 부른다.

그리고 손아래 사람일 때는
제자·년하
부인·동리(洞里)이라 부르고

대칭(對稱)으로는
모군·모형·여사(女士·女史) 귀동으로 부르고
가칭할 때는
졸계(拙契)·노제·성명·비동(鼻洞)이라 한다.

특히 출가한 집한 친척에게는
「은(嫄)」이라 부르고
작고했을 때는 「선(先)」이라 부르고

수하고인에게는 「망(亡)」
인속존칭에는 「존(尊)」「귀(貴)」
「령(令)」자를 가첨(加忝)하고

이속겸칭(已屬謙稱)에는
「비(鄙)」자로 썼으나
오히려 「비(鼻)」자이다.

제2편 고사(告祀)와 유희(遊戱)

1. 고사(告祀)

고사는 매년 시월 상달 집안의 안녕을 위하여 가신(家神)에게 올리는 제사다. 장구를 울리고 무악(巫樂)을 갖추어 춤을 추는 것이 굿이라면, 고사는 그 보다 작은 규모이다.

원래는 좋은 날을 받아 금줄을 치고 황토를 깔아서 집안에 부정이 들지 않도록 금기한다. 그러나 평상시는 사업을 시작하든지 명당을 다지든지, 아니면 집안의 안택을 기루워 봄이나 가을 어느 때고 떡을 해서 올리기 때문에 시골에서는 고사지내는 날을 떡 해먹는 날이라 부르고 있다.

고사의 음식을 대추와 밤, 곶감을 앞줄에 놓고 요즘은 배, 사과도 놓지만 그 뒷쪽에 시루떡을 놓고 떡 위에 정하수나 막걸리(술)을 부어 놓고 접시에 돼지고기를 놓고 명태에 실을 감아 놓는다.

이것은 한국사람들이 가정의 안락 평화를 위해 가장 기리는 물건들이기 때문이다. 대추는 씨가 있으므로 남자다. 대추의 조(棗)가 아침조자(朝)로 이해되므로 남자는 아침에 일찍 일어나 대문 열고 마당 쓸어 밖에 손님 맞을 준비를 하고, 여자는 씨가 없으니 밤(栗)으로 통하나 밤은 밤(夜)과 음이 같으므로 여자는 밤을 잘 지켜야 그 집을 잘 지킬 수 있다는 뜻이다. 아침을 여는 남자, 밤을 잘 지키는 여자가 한데 어울리면 그 집안은 곶감 집안이 되므로 가운데 곶감을 놓는 것이다.

그리고 시루는 가족이다. 낱낱의 떡가루가 사랑의 물에 퍼지면 칼로 잘라도 잘 잘라지지 아니할 정도로 쫀득쫀득하므로 개개인의 가족들을 떡가루에 비유한다.

그래서 단가족이 살면 단캐, 부모 자식 2대가 살면 두 캐, 할아버지까지 3대가 살면 세캐를 쪘다. 불은 언제나 새로 시집온 며느리가 때게 되어있는데 친정 부모님께 불 때는 이치(사랑하는 이치)를 얼마나 배웠는가를 실험하기 위해서였다. 때문에 만약 떡이 설면 집에 가서 더 배워가지고 오라고까지 하였던 것이다. 팥떡은 돌림병이 돌 때 척사(斥邪)의 뜻으로 찌고, 백설기는 애들이 잘 되도록 안방의 산신(産神)이나 제석신에 바쳤다.

시루는 마음이 둥글어야 떡이 잘 쪄진다고 믿었기 때문에 둥근 시루를 썼으나 요즘 시루는 기계에서 증기로 찌기 때문에 동·서·4방 4각 시루를 많이 쓰고 있다.

명태는 도둑을 지키는 물건이니 죽어도 눈을 뜨고 있기 때문이며, 실은 질서를 의미한다. 헝클어지지 아니하면 끝까지 풀어쓸 수 있으나 헝클어지면 가위로 잘라야 한다.

부모와 자식, 4촌형제, 일가친척이 이렇게 얽혀져 있고, 잘 조화를 이루고 있는가를 실로 가늠하였다.

돼지고기는 건강 재물이다. 구정물만 먹고도 일생동안 건강하게 살다가 죽어서는 집안의 영양소가 되고 재물을 형성해주기 때문이다. 여기에 향·초를 밝혀 어두움을 빛냈으니 향과 초는 제 몸을 태워 세상을 밝히고 향기롭게 하기 때문이다. 세상일이 마음대로 잘 되지 않는다. 자기희생이 없이 빛나고 향기로워진 일이 있던가.

정하수와 막걸리는 맑고 깨끗한 돈이고, 조화롭게 잘 형성된 돈이다.

이렇게 음식을 마련하여 안방 제석신에게 올리고 다음에는 터주신·성주신·조왕신·칠성신(장고방)·화상질(측신)·마당신·문신에 이르기까지 제물을 나누어 놓는다. 모두 살아가는데 도움을 주었기 때문에 감사하는 것이다.

집터·집·부엌·장고방·화장실·마당·문 어느 한 가지도 세상을 살아가는데 도움 되지 아니한 것이 없다. 그러므로 여기서 말하는 신은 귀신이 아니라 신성의 존칭사다. 그런데 이런 도리를 잘못 알고 귀신 취급만 하다보니 한국의 집안은 귀신덩어리라는 말이 나오게 된 것이다.

하늘에 해와 달 별이 없이 어떻게 살 것이며, 집을 나오는데 안방·중문·대문을 나오지 않고 어떻게 길에 나가겠는가. 조상들은 이렇게 자기 삶에 도움을 준 자연과 조형물에 늘 감사하는 마음으로 살았기에 아름다운 문화와 역사를 창조해 놓고 가셨던 것이다. 귀신섬기는 고사가 아니라, 무상 굿하는 고사가 아니라 감사기도하고 매사에 근신하는 그런 고사를 통하여 아이들의 가정교육이 이루어지도록 노력하여야할 것이다.

2. 유희(遊戱)

（1） 화투놀이

정월 송학에 백학이 울고
이월 매조에 꾀꼬리 운다.

삼월 사구라
북치는 소리

사월 흑사리 못 믿어서
오월 난초가 만발하였네.

　화투는 원래 포르투갈 「카르타(Carta)」 딱지
놀이에서 시작된 것인데, 다달이 피는 꽃과 나

무의 특징 때문에 사람들의 사랑을 받아왔지만, 세월이 흐르면서 어린아이들의 숫자놀이로 발전하였다.

포루투칼 상인들이 일본에 가지고 와서 노는 것을 보고, 일본사람들이 일본식으로 개조, 오끗 십끗 껍질 등을 만들어 「하나후다(花禮)」라는 이름으로 유행시켰다.

그런데 1900년대 한일조약이 이루어진 뒤 한국사람들이 큰 것을 좋아한다는 말을 듣고 20끗짜리 광(光)을 만들어 수출하였다.

한국사람들은 이것을 가지고 달 별로 그림을 맞추어 가는 민화투놀이, 600점을 따는 600과 삼봉, 짓고땡, 섯다, 고스톱 등 다양한 형식의 놀이를 만들고, 인원수도 종류에 따라 2명에서 10명까지 참여할 수 있게 만들었다.

그 중 대개 놀이는 같은 달의 그림을 맞추어 패를 모으는 해석으로 발전하였는데, 어떤 때는 3단 3약과 같은 규약을 만들어 돈 놓고 돈 먹기 운동을 하다가 마침내는 집을 잡히고 땅을 잡히는 재끼까지 하게 되었다.

그래서 돈이 없는 사람은 할 수 없이 조상의 전답을 잡혀 화투로 망하는 사람들이 노래까지 만들어 유행하게 되었다.

유월 목단 나비청해
칠월 홍사리 멧돼지 뛴다.
팔월 공산에 달이 밝아
구월 국화에 국화주 먹고
시월 단풍에 조상 땅 날렸네.

들은 말인데 사실인지는 모르지만 일본에서는 헌병 8백 명을 양성하여 팔도강산에 풀어 조상땅 팔아먹은 사람을 다 잡아 들이게 하니 친부모 형제들이 서로서로 고발하여 아들 딸 조카들이 다 잡혀 가게 되었다. 고발할 때는 시원하였지만 주재소에 갖혀 있는 것을 보면 또 안타까워 돈 주고 쌀 주고 빼내기 시작하였다.

그래서 삼남(경상도·전라도·충청도) 일대의 땅이 대부분 일본 사람들에게 헐값에 넘어가게 되었으니 돈주고 망신당하고 집안 망했다 원망하였다.

잘 치면 꽃놀이, 숫자놀이로 감정과 지성을 개발하는 교육이 홍단·청단·초단까지 만들어 집 따먹기, 땅 따먹기까지 발전하니 젊은 건달 늙은 건달 할 것 없이 담배 연기 자욱한 사랑방에 앉아 밤낮없이 정진하다 피를 토하고 죽어가니 나중에는 집도 망하고 나라도 망하고 사람까지 망하게 되었다.

실로 화투에는 비밀 주문이 들어있는데, 정월 솔, 3월 사구라, 8월 공산, 11월 오동, 12월 비에 넣어 만든 광이다. 그것이 무엇인가. 일본 국기이다. 그런데 멋도 모르고 「광 나와라 광 나와라」 하면 「일본 사람들아 조선 땅으로 나오너라, 일본 사람들아 조선 땅으로 나오너라」 하여 결국 한국이 망하게 된 것이다.

임진왜란 때 이순신장군은 「강강수월래」를 불러 「강한 군대가 바다 건너에서 넘어오고 있다」고 경계한 노래와 춤을 추게 하여 이 나라를 지키게 하였는데, 사랑방마다 쪼그리고

앉아 일본 사람들이 나오기를 기원하는 주문을
외우니 짐짓 일인들이 한국에 나오지 않겠는가.
　그런데 어떤 사람은 광이 나오면 땅에 대고
큰소리를 외치면서 「광 나왔다」 하기 때문에
한국의 땅덩어리가 남북으로 갈렸으니 화투를
그치기 전에는 남북통일이 되지 아니할 것이다
예언하는 사람도 있다.

시월 단풍에 사슴이 놀고
십일월 오동 복판에
거문고 줄만 골라도
우중에 해님이 양산 받고
동네방네 유람한다.

　12월 비를 자세히 살펴보라.
　하오리 입고 물결치는 파도를 헤치고 한국으
로 건너오는 일본사람이 분명한 것을!

（2） 윷놀이

일월성신 분명하니 천도가 적실하고
산천초목 분명하니 지도가 적실하고
인의예지 분명하니 인도가 적실하다.

이개저개 다버리고 서문부정 축한개야
산호구수 육칠척은 보배자랑 왕개로다.

　이것이 도·개에 관한 노래이다.
　도는 돼지이고, 개는 개(犬), 걸은 양(羊), 윷은 소(牛), 모는 말(馬)이다. 원래는 하나 둘 셋 넷 다섯 숫자를 상징했던 말이다.
　말은 나무 막대기 넷을 쪼개서 사용하기 때문에 한문으로는 나무목 옆에 넉사(柶)로 쓴다. 큰 것은 가락윷, 작은 것은 밤윷이라 하는데, 옛날 밭에서 일하던 사람들이 점심을 먹고 할 일 없으면 팥이나 콩·잣·은행 같은 것을 반으로 쪼개 땅바닥에 던져 네 개가 다 엎어지면 모, 다 뒤집어지면 윷, 3개가 뒤집어지고 하나만 엎어지면 걸, 세 개가 엎어지고 한 개가 뒤 집어지면 토, 두 개씩 반반이 뒤집어지고 엎어 지면 개라고 하였다.

말금은 토는 1금, 개는 두 금, 걸은 세 금, 윷 은 네 금, 모는 다섯 금을 가게 하였는데, 때로 는 규약에 따라 빽도가 있어 뒤쪽으로 물러나 적의 말을 잡아먹기도 하고, 그대로 나기도 하 였다.

윷판은 먼저 29개의 동그라미를 그어 만든 다. 윷발은 한 마리면 한 동, 두 마리면 두 동, 세 마리면 석 동, 네 마리면 넉 동으로 치는데, 윷과 모는 한번씩 더 할 수 있으나 계속 해서 나오면 계속해서 할 수 있다.

윷말은 윷가락을 던져서 그 숫자에 따라 앞 으로 나아간다. 모·도나 모·개, 모·걸이 나 면 모에서 좌측으로 구부러져 방(中央)으로 나 올 수가 있고, 도·개·걸을 하여 먼저 말을 잡고 난 뒤에 모가 나오면 어쩔 수 없이 끝까 지 돌아가야 한다.

그러면 어찌하여 윷판을 그렇게 29개 동그라

미로 만들었는가. 여기에는 두 가지 학설이 있는데, 첫째는 상대(上代) 오가(五加)의 출진도(出陳圖)라 하기도 하고, 부여의 관직제에서 나온 것이라 하기도 하고, 둘째는 선조 때 김문표의 윷판설에서 연유되었다고도 한다. 이제 김문표의 윷판설을 소개하면 다음과 같다.

"윷판의 바깥이 둥근 것은 하늘을 본뜬 것이요, 안의 모진 것은 땅을 본뜬 것이니, 즉 하늘이 땅바닥까지 둘러싼 것이다. 별의 가운데에 있는 것은 추성(樞星)이요, 옆에 벌려 있는 것은 28수(宿)를 본뜬 것이다. 북진(北辰)이 그 자리에 있으며 뭇별이 둘러싼 것을 말한다. 해가 가는 것이 북에서 시작하여 동으로 들어가 중앙을 거쳐 다시 북으로 나오는 것은 동지의 해가 짧은 것이요, 북에서 시작하여 동으로 들어가 서쪽까지 갔다가 다시 북으로 나오는 것은 해가 고른(平均) 것이요, 북에서 시작하여 동으로 지나 남으로 들어갔다가 곧바로 북으로 나오는 것은 추분의 밤이 고른 것이다. 북에서

시작하여 동을 지나고 남을 지나고 서를 지나
또다시 북으로 나오는 것은 하지의 해가 긴 것
이니, 즉 하나의 물건(윷판)이로되 지극한 이치
가 들어 있는 것이로다."

실로 윷놀이는 오늘날 단순한 하나의 오락으
로서 정초에 하는 놀이에 불과하다. 그러나 그
원뜻은 세초(歲初)에 농민들이 그해 농사가 높
은 지대에서 잘될까, 혹은 낮은 지대에서 잘될
까를 점치던 고대 농경시대의 유풍의 하나로
보인다. 우리 민간에는 윷놀이로 농사의 풍흉
을 점치는 습속이 있었다. 산촌에서는 해마다
음력 정월보름날이면 아침 일찍부터 산촌의 젊
은이들이 모여 높은지대편(山便)과 낮은지대편
(平地便)의 두 편으로 나뉘어 윷놀이를 하였다.
그때 높은지대편이 이기면 그 해의 농사는 높
은지대편이 잘된다 하였고, 낮은지대편이 이기
면 낮은지대편의 농사가 잘된다고 하였다.
그리고 이 놀이가 끝나면 그들은 마을의 넓
은 마당으로 나와서 모심기놀음(稻植劇)을 하였

다. 이러한 습속으로 보아서 윷놀이의 본의는 농사점으로 하여 오던 것이 오랜 세월이 지나는 동안에 그 원듯이 차츰 없어지고, 오늘날에 와서는 단순한 놀이가 된 것이 아닌가 한다. 그리고 이 놀이는 한때 놀이와는 달리 아무 때나 하지 않고, 정월 초하루부터 보름까지 하다가 거의 예외없이 이 놀이를 그만둔다. 이것을 보더라도 윷놀이는 일반적으로 아무 때나 하는 놀이와는 다르다는 것을 알 수 있다.

오늘날 농가에서 세초에 행하는 허다한 민속점(民俗占)은 이를 방증(榜證)하고 있다. 만일 이것이 이러한 농사의 점단(占斷)에 있지 않고 단순히 유희나 도박이라면 연중 아무 때라도 많이 하여야 될 것인데, 윷놀이는 그렇지 않다. 요컨대, 윷놀이는 상대(上代)에 농민들이 목편(木片)으로 해마다 세초에 그 해의 풍흉을 점단하는데 그 뜻이 있었다고 보며, 그 이유는 이와 같은 농사에 관한 점단행사가 대개 세초에 있음이 이를 입증하고 있다고 본다.

윷점에도 두 가지가 있다. 하나는 집단으로

편을 갈라 윷놀이를 하여 그 승부로써 그해 농
사의 풍흉을 점치는 것이다. 이것은 옛날에 농
촌에서 여러 가지로 농사점을 하던 점년법(占
年法)의 하나였다. 다른 하나는 이와 달리 일반
적인 오락으로서 윷을 던져서 나오는 말로 개
인의 운수를 점치는 것이다. 그 방법은 윷을
세 번 던져 괘를 얻는다.

첫 번째 던져 나오는 말을 상쾌로, 두 번째
던져 나오는 말을 중괘로, 세 번째 던져 나오
는 말을 하괘로 삼아 모두 64괘로 되어 있는
괘를 찾아 점사(占辭)를 읽어 길흉을 판단한다.
윷말은 도·개·걸·윷·모이나 윷과 모는 같
은 괘로 쳐서 네 말로 괘를 삼게 된다.

점괘를 얻을 때에 도·개·걸·윷·모를 하
지 않고, 편의상 도는 1, 개는 2, 걸은 3, 윷과
모는 4로 대신하기도 한다. 가령 첫 번째 두
번째 세 번째에 도가 나왔다고 하면, 이 '도·
도·도'는 건(乾)으로 111의 점괘를 얻게 되며,
이때의 점사는 '아이가 인자한 어머니를 만난
다(兒見慈母)'는 내용이다. 아이가 어머니를 만

난다는 것은 어머니의 사랑을 받을 수 있어 행복한 것이니 길괘(吉卦)이다.

또 '도·도·개'가 나오면 112(履卦)의 점괘로 이때의 점사는 '쥐가 창고에 들어간다(鼠入倉中)'이니 역시 길괘이다. 쥐가 창고에 들어가면 먹을 것이 많으니 근심 걱정 없이 풍족하게 생활할 수가 있는 것이다.

반면에 '도·모·도'가 나오면 141(大過卦)의 점사로 '나무에 뿌리가 없다(樹木無根)'이니 뿌리 없는 나무는 말라 죽을 것이니 흉괘(凶卦)이다. 이러한 윷점의 방법은 간단하여 부녀자들이나 아이들 사이에서도 널리 행해지기도 하였다. 111괘에서 444괘까지의 64개의 점괘는 다음과 같다.

111 어린아이가 인자한 어머니를 만난다. (兒見慈母)

112 쥐가 곳간에 든다. (鼠入倉中)

113 어두운 밤에 촛불을 얻는다. (昏夜得燭)

114 파리가 봄을 만난다. (蒼蠅遇春)

121 큰물이 거슬러 흐른다. (大水逆流)

122 죄 중에 공을 세운다. (罪中立功)

123 나비가 등불을 친다. (飛蛾撲燈)

124 쇠가 불을 만난다. (金鐵遇火)

131 학이 날개를 잃는다. (鶴失羽翼)

132 굶주린 자가 먹을 것을 얻는다. (飢者得食)

133 용이 큰 바다에 들어간다. (龍入大海)

134 거북이 대밭에 들어간다. (龜入筍中)

141 나무에 뿌리가 없다. (樹木無根)

142 죽은 자가 다시 살아난다. (死者復生)

143 추운 자가 옷을 얻는다. (寒者得衣)

144 가난한 자가 보배를 얻는다. (貧者得寶)

211 해가 구름 속에 들어간다. (日入雲中)

212 장마철 하늘에서 해를 본다. (霖天見日)

213 활이 화살을 잃는다. (弓失羽箭)

214 새에 날개가 없다. (鳥無羽翰)

221 약한 말에 짐이 무겁다. (弱馬駄重)

222 학이 하늘에 오른다. (鶴登于天)

223 주린 매가 고기를 얻는다. (飢鷹得肉)

224 수레에 두 바퀴가 없다. (車無兩輪)

231 갓난 아이가 젖을 얻는다. (嬰兒得乳)

232 중한 병에 약을 얻는다. (重病得藥)

233 나비가 꽃을 얻는다. (蝴蝶得花)

234 활이 살을 얻는다. (弓得羽箭)

241 드문 손님을 절하여 만난다. (拜見疎賓)

242 강고기가 물을 잃는다. (河魚失水)

243 물 위에 무늬가 생긴다. (水上生紋)

244 용이 여의주를 얻는다. (龍得如意)

311 큰 고기가 물에 들어간다. (大魚入水)

312 염천에 부채를 선물한다. (炎天贈扇)

313 매에 발톱이 없다. (鷲鷹無爪)

314 강 속에 구슬을 던진다. (擲珠江中)

321 용 머리에 뿔이 난다. (龍頭生角)

322 가난한데다 천하기까지 하다. (貧而且賤)

323 가난한 선비가 녹을 얻는다. (貧士得祿)

324 고양이가 쥐를 얻는다. (猫兒得鼠)

331 고기가 변하여 용이 된다. (魚變成龍)

332 소가 꼴과 콩을 얻는다. (牛得蒭荳)

333 나무 꽃에 열매가 열린다. (樹花成實)

334 중이 속인으로 돌아온다. (沙門還俗)

341 나그네가 집을 생각한다. (行人思家)

342 말에 채찍이 없다. (馬無鞭策)

343 행인이 길을 얻는다. (行人得路)

344 해가 풀이슬을 비춘다. (日照草露)

411 부모가 아들을 얻는다. (父母得子)

412 공은 있으나 상이 없다. (有功無賞)

413 용이 깊은 못에 들어간다. (龍入深淵)

414 소경이 곧바로 문에 들어간다. (盲人直門)

421 어두움 속에서 불을 본다. (暗中見火)

422 사람이 손과 팔이 없다. (人無手臂)

423 대인을 봄이 이롭다. (利見大人)

424 각궁에 시위가 없다. (角弓無弦)

431 귓가에 바람이 인다. (耳邊生風)

432 어린아이가 보배를 얻는다. (穉兒得寶)

433 사람을 얻었다가 다시 잃는다. (得人還失)

434 어지럽고 또한 불길하다. (亂而不吉)

441 생긴 일이 망연하다. (生事茫然)

442 고기가 낚시바늘을 삼킨다. (魚呑釣鉤)

443 나는 새가 사람을 만난다. (飛鳥遇人)

444 형이 아우를 얻는다. (哥哥得弟)

　실로 인생은 돼지인생도 있고, 개·양·소·말의 인생도 있다. 돌아가는 인생도 있고 지로 가는 인생도 있고, 남의 덕분에 밀려가는 사람도 있고, 또 따라가며 신세지는 사람도 있지만, 결국 동을 나는 것은 똑같다. 다만 일찍 가느냐 늦게 가느냐, 넉넉하게 나느냐 궁핍하게 나느냐.

　여러 가지로 판단하지만 네 번 도를 해서 볶아 놓았다가 다섯 번째 빽도를 해서 나가버리는 사람도 있지 않는가.

　윷은 인생철학으로 볼 때는 성문·연각·보살·부처의 인생이 살아가는 원리를 비유하여 만들었고, 점술학적으로 보면 길흉을 점치는 유희이다. 그런데 잘 살아도 한 세상이요, 못살아도 한 세상이니 여럿이 윷놀며 박장대소 하는 식으로 인생을 즐겁게 살아보자꾸나.

호걸이라 호걸이라 제왕들의 스승이니

요순우탕 호걸이라 문무주공 칠십이인

늙은신가 늙으신가 탁문군이 늙으신가.
백두옹이 무삼일고 고당명경 아니어든

당덕종 가일연에 헌수하는 손숙모야
주목왕 요지연에 헌도하는 서왕모냐.

도리도리 짝짝궁

印刷日 | 2012년 2월 5일
發行日 | 2012년 2월 10일

發行處 | 불교정신문화원
활안 원저 · 위타 편찬

인 쇄 | 이화문화출판사
02-738-9885~6

발행처 | 477-810 경기도 가평군 외서면 대성리 산 185번지
전 화 | (031)584-0657, 4170, (02)962-1666
등록번호. 76. 10. 20. 경기 제 6 호

값 6,000원